Dedicated to my Advent School's students.

For activities, video and games visit:
www.alphabetspace.com

Contenidos
(Contents)

Continues in the next page ...

Contenidos, continuación
(Contents, continuation)

Frases de uso diario
(Everyday Phrases)

Comunes / Common

Vamos a leer: We are going to read.

Vamos a escribir: We are going to write.

La fila por favor: Line up, Form a line please.

Recicla los papeles: Recycle the papers.

Recoje, Recojan: Pick up

Abrán el libro en la pagina x: Open the book on page x.

Throw away the trash: Bota la basura.

La clase ha terminado: The class is over.

Estudiantes / Students

I have a question: Tengo una pregunta.

¿Cómo se dice en español? / How do you say in Spanish?

¿Cómo se escribe en español? / How do you write it in Spanish?

Terminé: I'm done.

¿Puedo dibujar?: May I draw?

Ayudame por favor: Help me please.

Aquí está mi tarea: Here is my homework.

Prestame un creyón azul por favor: Lend me a blue crayon please

Maestra / Teacher

Buenos días: Good morning

Buenas tardes: Good afternoon

¿Cómo estás/están? : How are you?

Bien, mal, asi-asi: Fine, bad, so-so

Voy al baño: I'm going to the bathroom.

Pasame el lápiz: Pass me the pencil.

Repite por favor: Repeat please.

Necesito agua por favor: I need water please.

Con permiso: Excuse me.

Un momento: One moment.

Pasame el lápiz: Pass me the pencil.

Adiós: goodbye

Los colores
(The colors)

Usa esta lista como referencia para hacer las actividades.
(Use this list as a reference to do the activities.)

amarillo: yellow

azul: blue

rojo: red

verde: green

anaranjado/naranja: orange

morado: purple

negro: black

marrón: brown, café

blanco: white

rosado: pink

gris: gray

magenta: magenta

dorado: gold

plateado: silver

El Abecedario
(The ABC'S)

A ah	B beh	F e-feh	G heh	E eh
C ceh	D deh	H ah-cheh	I ee	J ho-tah
J ho-tah	K kah	N e-neh	Ñ e-neh	Ñ e-nieh
L eh-leh	M eh-meh	O oh	P peh	S e-seh
Q koo	R eh-reh	U oo	X eh-kees	Y ee gree-eh-gah
S eh-seh	T teh	W doh-bleh-veh	Z zeh-tah	

Los objetos del salón

(Classroom Objects)

lápiz: pencil
papel: paper
borrador / borra: eraser
libro: book
carpeta: folder
creyón: crayon
marcador: marker
sacapunta: sharpener
mesa: table
silla: chair
tijera: scissors
pegamento / pega: glue
cuaderno: notebook
lapices de color: color pencils
ventana: window
puerta: door
pizarrón: blackboard
cartelera: bulletin board
regla: ruler
papel: paper
ordenador: laptop
pluma / boligrafo: pen
mochila/morral: backpack
lonchera: lunch box

Los Artículos

(Articles)

Artículos definidos / Definite Articles

the
- **la** for feminine nouns   (usually last vowel is a)
- **el** for masculine nouns (usually last vowel is e, i, o, u)

the (plural)
- **las** for feminine plural nouns   (usually last vowel is as)
- **los** for masculine plural nouns (usually last vowel is es, is, os, us)

Ejemplo:

la carpet**a**	**las** carpet**as**
el marcad**or**	los marcador**es**

Artículos indefinidos / Indefinite Articles

a
- **una** for feminine nouns (usually last vowel is a)
- **un** for masculine nouns (usually last vowel is o)

some (plural)
- **unas** for feminine plural nouns   (usually last vowel is a)
- **unos** for masculine plural nouns (usually last vowel is o)

Ejemplo:

una carpet**a**	**unas** carpet**as**
un marcador	**unos** marcador**es**

El Plural
(Plural)

1-Add s if a noun or adjective ends in a vowel

libro ▶ libro**s**

2-Add es if a noun or adjectives ends in a consonant.

marrón ▶ marron**es**

3-If a noun ends in Z, change it to c and add es

lápiz ▶ lápi**ces**

Note:

If a word has an accent on the last syllable, they loose that accent as the stress in pronunciation changes. Example: marrones.

If the accent is before the last syllable, they keep it. Example: lápices.

La ropa
(Clothing)

camisa: shirt

camiseta: T-shirt

pantalón: pants

shor, chor: shorts

vestido: dress

zapatos: shoes

medias,calcetines: socks

ropa interior: underwear

sombrero: hat

falda: skirt

sueter: sweater

chaqueta: jacket

abrigo: coat

braga/overol: overalls

traje: suit

gorra/cachucha: cap

pijama: pajamas

guantes: gloves, mittens

bufanda: scarf

zapatos deportivos, zapatos de goma, tenis: sneakers

corbata: tie

pulsera: bracelet

cinturón: belt

lentes: glasses

sombrilla, paraguas: umbrella

botas: boots

reloj:watch

Vocabulario y Gramática: Comparando Ropa

big: grande
small: pequeño
long: largo
short: corto
medium: mediano

This shirt is **big**.
Esta camisa es **grande**.

This shirt is **bigger.**
Esta camisa es **más grande**.

This shirt is **the biggest.**
Esta camisa es **la más grande**.

This shirt is **bigger than.**
Esta camisa es **más grande qué...**

This shirt is **as big as.**
Esta camisa es **tan grande como...**

This shirt is **is too big!.**
Esta camisa es **demasiado grande...**

Los alimentos

(Food)

manzana: apple

uva: grape

fresa: strawberry

zanahoria: carrot

papa: potato

cebolla: onion

tomate: tomato

queso: cheese

huevo: egg

leche: milk

agua: water

refresco: soft drink

jugo de naranja: orange juice

carne: meat

pollo: chicken

arroz: rice

cereal: cereal

pan: bread

espagueti: spaghetti

sopa: soup

hamburguesa: hamburger

ensalada: salad

helado: ice cream

galleta: cookie

torta: cake

Meal Names:

desayuno: breakfast

almuerzo: lunch

merienda: snack

dinner: cena

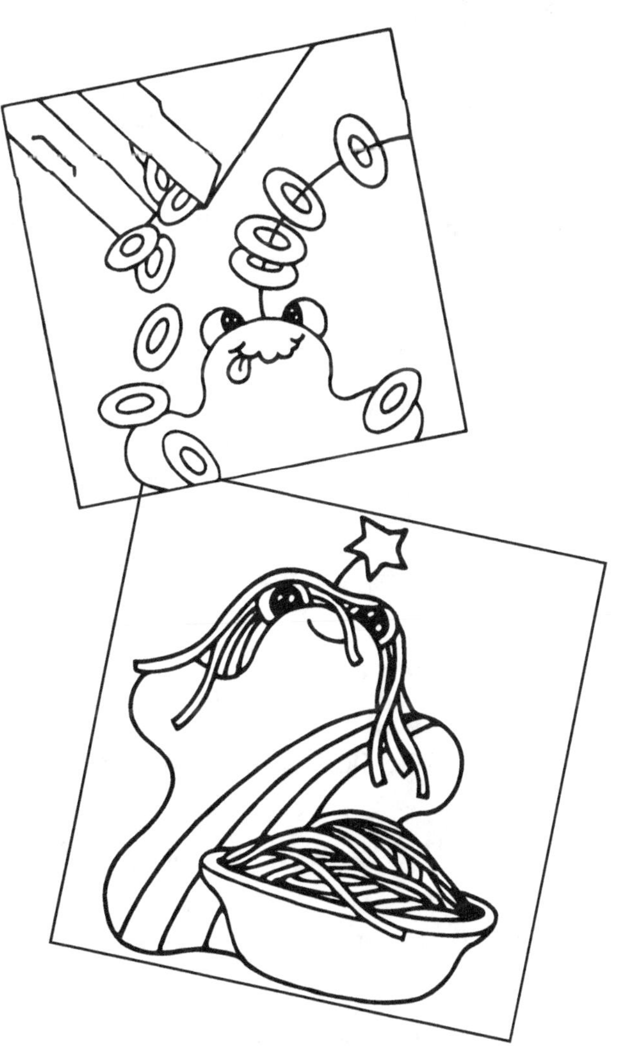

Verb "gustar" + another verb (in infinitive)

like to eat: gustar (conjugated) + comer

Example:

I like to eat apples and bananas.

Me gusta* comer manzanas y bananas.

like to drink: gustar (conjugated) + beber

Example:

We don't like to drink tea at breakfast (time).

No nos gusta tomar *té en el desayuno.

* Note:

1. Gustar is used only in singular form.
2. There is no article before the food item.

Other verbs:	Gustar Conjugation:	Other Vocabulary
to wash: lavar	I like: me gusta	breakfast: el desayuno
to prepare: preparar	you like: te gusta	lunch: el almuerzo
to make: hacer	he, she likes: le gusta	dinner: la cena
to cook: cocinar	we like: nos gusta	snack: la merienda
to bake: hornear	they like: les gusta	home: la casa
to order: ordenar		restaurant: el restaurante
to buy: comprar		market: el mercado

Los Adjetivos Demonstrativos

Demonstrative Adjectives

	singular		plural	
Location	masculine	feminine	masculine	feminine
aquí, acá here	**este** this	**esta** this	**estos** these	**estas** these
allí there	**ese** that	**esa** that	**esos** those	**esas** those
allá over there	**aquel** that	**aquella** that	**aquellos** those	**aquellas** those

Examples:

this book: este libro
these books: estos libros

that pencil: ese lápiz
those pencils: esos lapices

this table: esta mesa
these tables: estas mesas

that ruler: esa regla
those rulers: esas reglas

Los números 20-113
(Numbers 20-113)

20 veinte (veh-een-teh)	**21** veintiuno (veh-een-tee-oo-noh)	
30 treinta (treh-een-tah)	**32** treinta y dos (treh-een-tah ee dohs)	
40 cuarenta (koo-ah-rehn-tah)	**43** cuarenta y tres (koo-ah-rehn-tah ee trehs)	
50 cincuenta (ceen-koo-ehn-tah)	**54** cincuenta y cuatro (ceen-koo-ehn-tah ee koo-ah-troh)	
60 sesenta (seh-sehn-tah)	**65** sesenta y cinco (seh-sehn-tah ee ceen-koh)	
70 setenta (seh-tehn-tah)	**76** setenta y seis (seh-tehn-tah ee seh-ees)	
80 ochenta (oh-chen-tah)	**87** ochenta y siete (oh-chehn-tah ee see-eh-teh)	
90 noventa (noh-vehn-tah)	**98** noventa y cinco (noh-vehn-tah ee ceen-koh)	
100 cien (see-ehn)	**113** ciento trece (see-ehn-to treh-ceh)	

Los números 0-100

The Numbers 0-100

0	cero	26	veintiséis	52	cincuenta y dos	78	setenta y ocho
1	uno	27	veintisiete	53	cincuenta y tres	79	setenta y nueve
2	dos	28	veintiocho	54	cincuenta y cuatro	80	ochenta
3	tres	29	veintinueve	55	cincuenta y cinco	81	ochenta y uno
4	cuatro	30	treinta	56	cincuenta y seis	82	ochenta y dos
5	cinco	31	treinta y uno	57	cincuenta y siete	83	ochenta y tres
6	seis	32	treinta y dos	58	cincuenta y ocho	84	ochenta y cuatro
7	siete	33	treinta y tres	59	cincuenta y nueve	85	ochenta y cinco
8	ocho	34	treinta y cuatro	60	sesenta	86	ochenta y seis
9	nueve	35	treinta y cinco	61	sesenta y uno	87	ochenta y siete
10	diez	36	treinta y seis	62	sesenta y dos	88	ochenta y ocho
11	once	37	treinta y siete	63	sesenta y tres	89	ochenta y nueve
12	doce	38	treinta y ocho	64	sesenta y cuatro	90	noventa
13	trece	39	treinta y nueve	65	sesenta y cinco	91	noventa y uno
14	catorce	40	cuarenta	66	sesenta y seis	92	noventa y dos
15	quince	41	cuarenta y uno	67	sesenta y siete	93	noventa y tres
16	dieciséis	42	cuarenta y dos	68	sesenta y ocho	94	noventa y cuatro
17	diecisiete	43	cuarenta y tres	69	sesenta y nueve	95	noventa y cinco
18	dieciocho	44	cuarenta y cuatro	70	setenta	96	noventa y seis
19	diecinueve	45	cuarenta y cinco	71	setenta y uno	97	noventa y siete
20	veinte	46	cuarenta y seis	72	setenta y dos	98	noventa y ocho
21	veintiuno	47	cuarenta y siete	73	setenta y tres	99	noventa y nueve
22	veintidós	48	cuarenta y ocho	74	setenta y cuatro	100	cien
23	veintitrés	49	cuarenta y nueve	75	setenta y cinco		
24	veinticuatro	50	cincuenta	76	setenta y seis		
25	veinticinco	51	cincuenta y uno	77	setenta y siete		

Los números 100-1000
(Numbers 10-20)

100	cien	(cee-ehn))
113	ciento trece	(cee-ehn-toh treh-ceh)
200	doscientos	(dohs-cee-ehn-tohs treh-ceh)
241	doscientos cuarenta y uno	(dohs-cee-ehn-tohs koo-ah-rehn-tah ee oo-noh)
300	trescientos	(trehs-cee-ehn-tohs)
400	cuatrocientos	(koo-ah-troh-cee-ehn-tohs)
500	quinientos	(kee-nee-ehn-tohs)
535	quinientos treinta y cinco	(kee-nee-ehn-tohs treh-een-tah ee ceen-koh)
600	seiscientos	(seh-ees-cee-ehn-tohs)
700	setecientos	(seh-teh-cee-ehn-tohs)
762	setecientos sesenta y dos	(seh-teh-cee-ehn-tohs seh-sehn-tah ee dohs)
800	ochocientos	(oh-choh-cee-ehn-tohs)
900	novecientos	(no-veh-cee-ehn-tohs)
999	novecientos noventa y nueve	(noh-veh-cee-ehn-tohs noh-vehn-tah ee ceen-koh)
1000	mil	(meel)

Los números 1,000-1,000,000,000
(Numbers 10-20)

1,000	mil (meel)
1,113	mil ciento trece (meel cee-ehn-toh treh-ceh)
2,000	dos mil (dohs meel)
5,678	cinco mil seiscientos setenta y ocho (ceen-koh meel seh-ees-cee-ehn-tohs seh-tehn-tah ee oh-choh)
10,945	diez mil novecientos cuarenta y cinco (dee-ehs meel noh-veh-cee-ehn-tohs seh-tehn-tah ee oh-choh)
30,000	treinta mil (treh-een-tah meel)
89,999	ochenta y nueve mil novecientos noventa y nueve (oh-chehn-tah ee noo-eh-veh meel noh-veh-cee-en-tohs noh-vehn-tah ee noo-eh-veh)
90,000	noventa mil (noh-vehn-tah meel)
100,000	cien mil (cee-ehn meel)
400,000	cuatrocientos mil (koo-ah-troh cee-ehn-tohs meel)
503,627	quinientos tres mil seiscientos veintisiete (kee-nee-ehn-tohs trehs meel seh-ees-cee-ehntohs veh-een-tee-cee-eh-teh)
700,000	setecientos mil (seh-teh-cee-ehn-tohs meel)
900,000	novecientos mil (noh-veh-cee-ehn-tohs meel)
1,000,000	un millón (oohn-mee-yohn)
6,087,006	seis millones ochenta y siete mil seis (seh-ees mee-yoh-nehs oh-chen-tah ee see-eh-teh meel seh-ees)
1,000,000,000	un billón (oohn-bee-yohn)
1,000,000,000,000	un trillón (oohn-tree-yohn)

Los números: La fecha

A.   ¿Qué día es hoy?
What day is today?

B.   Hoy es martes, 12 de abril de 2020.
Today is Tuesday, 12th of April of 2020.

A.   ¿Qué día fue ayer?
What day was yesterday?

B.   Ayer fue lunes, 11 de abril de 2020.
Yesterday was Monday 11th of April of 2020.

A.   ¿Qué día será mañana?
What day will be tomorrow?

B.   Mañana será miércoles, 13 de abril de 2020.
Tomorrow will be Wednesday 13th of April of 2020.

Practice with the following dates:

1) *Thursday, 07-22-2020*
2) *Monday, 10-31-2023*
3) *Sunday, 01-04-2019*
4) *Wednesday, 05-17-2021*
5) *Saturday, 12-19-2024*

Los números

1 uno	16 dieciséis
2 dos	17 diecisiete
3 tres	18 dieciocho
4 cuatro	19 diecinueve
5 cinco	20 veinte
6 seis	21 veintiuno
7 siete	22 veintidós
8 ocho	23 veintitrés
9 nueve	24 veinticuatro
10 diez	25 veinticinco
11 once	26 veintiséis
12 doce	27 veintisiete
13 trece	28 veintiocho
14 catorce	29 veintinueve
15 quince	30 treinta
	31 treinta y uno

Los días de la semana

Monday: lunes
Tuesday: martes
Wednesday: miércoles
Thursday: jueves
Friday: viernes
Saturday: sábado
Sunday: domingo

Los meses del año

January: enero
February: febrero
March: marzo
April: abril
May: mayo
June: junio
July: julio
August: agosto
September: septiembre
October: octubre
November: noviembre
December: diciembre

Algunos años

2020: dos mil veinte
2021: dos mil veintiuno
2022: dos mil veintidós
2015: dos mil veintitres

La hora: con números

A. **¿Qué hora es?**
What time is it?

B. <u>Son las tres y treinta.</u>
It's three thirty.

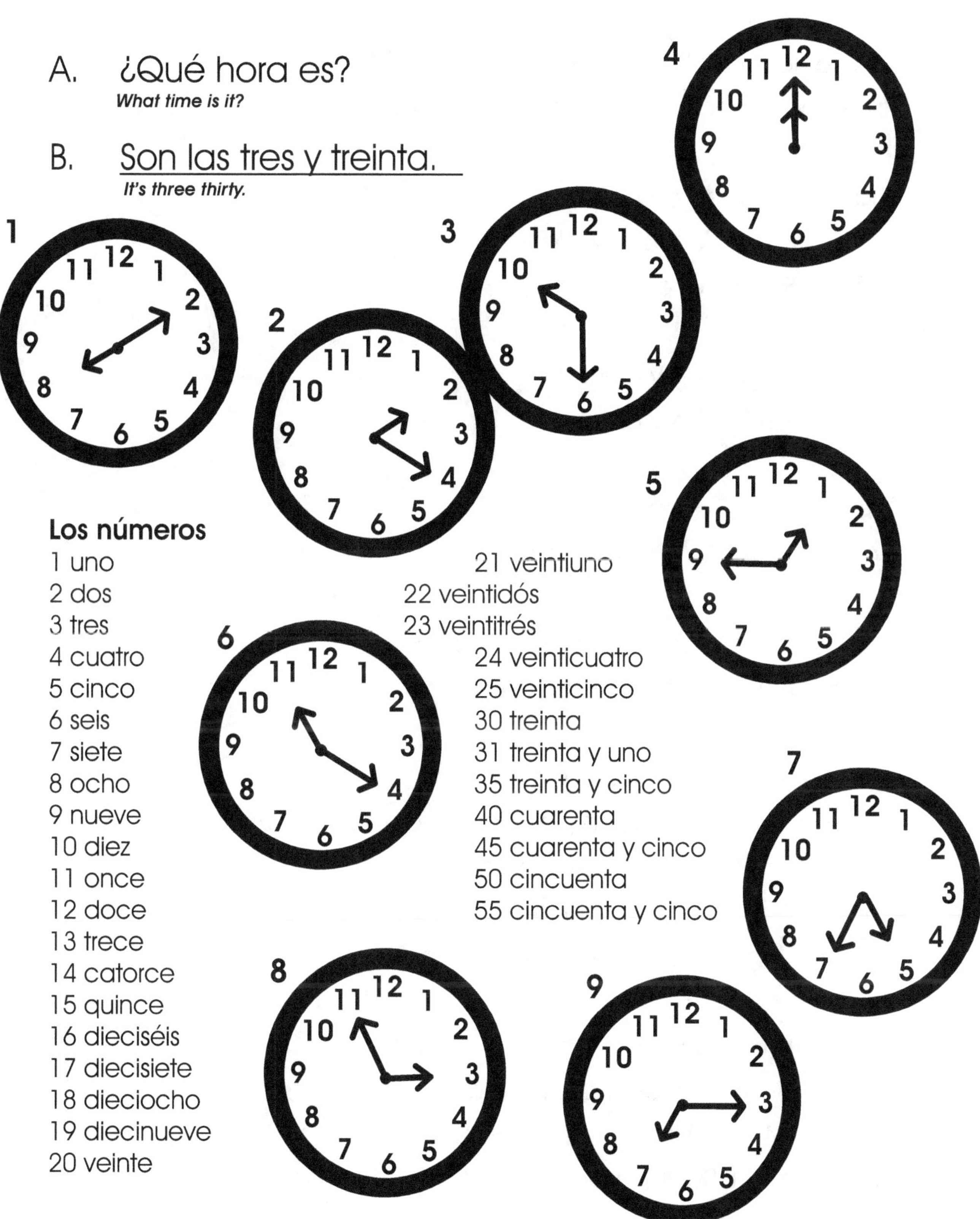

Los números

1 uno	21 veintiuno
2 dos	22 veintidós
3 tres	23 veintitrés
4 cuatro	24 veinticuatro
5 cinco	25 veinticinco
6 seis	30 treinta
7 siete	31 treinta y uno
8 ocho	35 treinta y cinco
9 nueve	40 cuarenta
10 diez	45 cuarenta y cinco
11 once	50 cincuenta
12 doce	55 cincuenta y cinco
13 trece	
14 catorce	
15 quince	
16 dieciséis	
17 diecisiete	
18 dieciocho	
19 diecinueve	
20 veinte	

La hora

(Telling Time)

¿Qué hora es?: What time is it?

Me podría decir la hora por favor?: Could you tell me what time it is?

1:00   Es la una en punto.

2:00   Son las dos en punto.

11:00 Son las once en punto.

3:15   Son las tres y quince

3:15   Son las tres y cuarto

4:30   Son las cuatro y treinta

4:30   Son las cuatro y media

5:45   Son las cinco y cuarenta y cinco

5:45   Son un cuarto para las seis

6:00 AM   Son las seis de la mañana

12:00 PM   Son las doce del mediodía, Es el mediodía

3:00 PM   Son las tres de la tarde

6:00 PM   Son las seis de la noche

12:00 AM   Son las doce de la medianoche

12:01 AM - 11:59 AM   **mañana**: morning

12:00 PM **mediodía**: noon, midday

12:01 PM - 5:59PM   **tarde**: afternoon

6:00 PM - 11:59 PM   **noche**: night

12:00 PM **medianoche**: midnight

Los animales del bosque tropical

Animals of the rainforest

Insects / (los) insectos

tarantula / (la) tarantula
ant / (la) ant
butterfly / (la) mariposa
bee / (la) aveja
wasp / (la) avispa

Birds / (las) aves

toucan / (el) tucán
macaw / (la) guacamaya
quetzal / (el) quetzal

Reptiles / (los) reptiles

frog / (la) rana
iguana / (la) iguana
cayman / (la) caimán
anaconda / (la) anaconda
snake / (la) serpiente, culebra

Fish / (los) peces

piranha / (la) piraña
arapaima / (la) arapaima

Mammals: (los) mamiferos

tapir: (la) danta
sloth: (la) pereza
monkey: (el) mono
jaguar: (el) jaguar
anteater: (la) oso hormiguero
capybara: (el) chiquire
pink dolphin: (la) tonina
manatee: (el) manatí

Describiendo un animal

Describing an animal

Beginning Words / palabras para comenzar
the: la, el, las, los
a: una, un
some: unas, unos
this: esta, este   that: esa, ese
it is: es   they are: son
its: su, sus

Color / color

brown: marrón
white: blanco
green: verde
yellow: amarillo

black: negro
gray: grís
red: tojo
orange: naranja

Size / tamaño
small: pequeño
big: grande
medium: mediano
short: corto
long: largo
heavy: pesado
light: pesado

Partes del cuerpo
eyes: ojos
tail: cola
ear: oreja
leg/foot: pata (for animals only)
face:cara
body: cuerpo
head: cabeza
teeth: dientes

scales: escamas
feathers: plumas
stripes: rayas
spots: manchas

Texture / texture
smooth: liso/a
rough: rugoso/a
fuzzy: peludo/a
hairy: peludo/a
slimy: baboso/a
shiny: brillante

Texture / texture
smooth: liso/a
rough: rugoso/a
fuzzy: peludo/a
hairy: peludo/a
slimy: baboso/a
shiny: brillante

Verbs / verbos
it has: tiene
eats: come

Las partes del cuerpo

(Parts of the body)

la cabeza *(cah-beh-zah)* — the head

el cabello/pelo *(cah-beh-yoh/peh-loh)* — the hair

los ojos *(oh-hohs)* — the eyes

la nariz *(nah-reez)* — the nose

la boca *(boh-cah)* — the mouth

los dientes *(dee-ehn-tehs)* — the teeth

las orejas *(oh-reh-hahs)* — the ears

el brazo *(brah-zohs)* — the arm

las manos *(mah-nohs)* — the hands

la pierna *(pee-ehr-nahs)* — the leg

los pies *(pee-ehs)* — the feet

los dedos (de las manos) *(deh-dohs)* — the fingers

los dedos (de los pies) *(deh-dohs)* — the toes

el cuello (koo-eh-yoh) — the neck

la rodilla (roh-dee-yah) — the knee

el estomago (ehs-toh-mah-goh) — the stomach

la espalda *(ehs-pahl-dah)* — the back

el pecho (peh-choh) — the chest

el trasero (trah-seh-roh) — the behind

el cuerpo (coo-ehr-poh) — the body

Describiendo Personas 1. La cabeza.

(Describing people 1. The head.)

¿De que color son tus ojos?
What is the color of your eyes?

Mis ojos son marrones.
My eyes are brown.

¿De que color son sus ojos?
What is the color of her/his eyes?

Sus ojos son azules.
Her/his eyes are blue.

¿De qué color es tu cabello/pelo?
What color is your hair?

Mi cabello es rubio.
My hair is blonde.

¿De que color es su cabello?
What color is her/his hair?

Su cabello es marrón/castaño claro.
Her/his hair is light brown.

red: rojo
black: negro
green: verde
blue: azul
blond: rubio
brown: marrón/castaño
light brown: marrón/castaño claro
gray: grís

El tiempo
(The weather)

very : muy

a lot: mucho

está

sunny : asoleado

cloudy : nublado

rainy : lluvioso

snowy : nevado

temperature : temperatura

it's raining : esta lloviendo

it's snowing : esta nevando

Today the weather is sunny. / Hoy el tiempo está asoleado.

hay

foggy : hay neblina

windy : hay viento

Today it is foggy: Hoy hay neblina (Today there is fog.)

está

cold : frio

Hot : Caliente/caluroso

warm : tibio

cool : fresco

freezing : helado

dry : seco

wet : mojado

Today it's very cold: Hoy está haciendo mucho frío.

Today is freezing! / ¡Hoy está helado!

The temperature is very hot today. / La temperatura está muy caliente hoy.

It's raining a lot. / Está lloviendo mucho.

Verbos relacionados a las enfermedades.

(Verbs related to sickness.)

1) Verbo doler "to hurt"

My head hurts: Me duele la cabeza.

My _________ hurts: Me duele _______ .   Our ________ hurt: Nos duele _________ .

Your ________ hurts: Te duele _______ .   Their _______ hurt: Les duele _________ .

Her/His ______ hurts: Le duele _______ .

2) Verbo estar "to be" + enfermo (sick)

El está enfermo : He is sick.

I am sick: Yo estoy enferma/o.   We are sick: Nosotros estamos enfermas/os.

You are sick: Tu estás enferma/o.   They are sick: Ellas/os están enfermas/os.

She/he is sick: Ella/el está enferma/o.

3) Verbo tener "to have" + dolor de (ache of)

We have a stomachache: Nosotros tenemos un dolor de estomago.

I have a _____ache: Yo tengo un dolor de ________ .

You have a _____ache: Tu tienes un dolor de _______ .

She/he has a _____ache: Ella/el tiene un dolor de ______ .

We have a _____ache: Nosotros tenemos un dolor de ______ .

They have a _____ache: Ellos tienen un dolor de _____ .

Describiéndome
Yo soy...

A.   ¿Cómo eres?
What are you like?

B.   Yo soy <u>baja y de peso mediano.</u>
I am short and average weight.

A.   ¿De qué color es tu pelo?
What color is your hair?

B.   Mi pelo es <u>rojizo.</u> Es <u>largo.</u>
My hair is red. It is long.

A.   ¿Y de qué color son tus ojos?
What is the color of your eyes?

B.   Mis ojos son <u>marrones.</u>
My eyes are brown.

A.   ¿Qué te gusta hacer?
What do you like to do?

B.   Me gusta <u>jugar al fútbol.</u>

Los adjetivos
short: bajo/a
tall: alto/a
average height: estatura promedio
medium weight: peso mediano
black: negro/a
brown: marrón
blond: rubio/a
red: rojizo/a
straight: lacio/a
curly: crespo/a

I like to draw: me gusta dibujar
I like to write: me gusta escribir
I like to read: me gusta leer
I like to practice math: me gusta practicar matemáticas
I like to play soccer: me gusta jugar al fútbol
I like to play basketball: me gusta jugar al baloncesto
I like to play football: me gusta jugar al fútbol americano

Las estaciones, los meses y los dias

The seasons, the days and moths of the year)

The four seasons / las cuatro estaciones

Spring / primavera
Summer / verano
Fall / otoño
Winter / invierno

The days of the week / los días de la semana

Monday / lunes
Tuesday / martes
Wednesday / miércoles
Thursday / jueves
Friday / viernes
Saturday / sábado
Sunday / domingo

The months of the Year : los meses del año

January / enero
February / febrero
March / marzo
April / abril
May / mayo
June / junio
July / julio
August / agosto
September / septiembre
October / octubre
November / noviembre
December / diciembre

Adjetivos calificativos
(Adjectives)

¿Cómo eres? What do you look like?
Yo soy... I am...
¿Cómo es ella? What does she look like?
Ella es... She is...
¿Cómo es el? What does he look like?
El es... He is...

beautiful: bonita, guapa, bella, linda

handsome: guapo, bello

ugly: fea(o)

tall: alta(o)

short: baja(o)

medium height: de estatura promedio

fat: gorda(o)

thin: flaca(o), delgada(o)

average weight: peso promedio

smart, intelligent: lista(o), inteligente

dumb: tonta(o)

poor: pobre

rich: rica(o)

stingy: egoista(o)

generous: generosa(o)

old: vieja(o)

young: muchacha(o)

arrogant: arrogante

humble: humilde

black: morena

white: blanca

brown skinned: morena clara

Adjetivos Calificativos (Continuación)
(Adjectives Continuation)

¿Qué hace ella? What does she do?

artist: artista (f & m)

waitress. waiter: mesonera (o)

student: estudiante (f & m)

firefighter: bombera (o)

teacher: maestra (o)

nurse: enfermera (o)

carpenter: carpintera (o)

driver: conductora (o)

engineer: ingeniera (o)

police office: policía (f & m)

dentist: dentista (f & m)

lawyer: abogada (o)

taxi driver, Uber driver: taxista, conductor de Uber (f & m)

judge: juez (f & m)

athlete: deportista, atleta (f & m)

secretary: secretaria (o)

¿De dónde es? Where is she from?

American: Estadounidense

Mexican: Mexicano(a)

Brasilian: Brasileño(a)

Spaniard: Español(a)

Dominican: Domenicano(a)

Cambodian: Camboyano(a)

Egyptian: Egipcio(a)

German: Alemán(a)

Russian: Ruso/a

Irish: Irlandes(a)

Peruvian: Peruano(a)

French: Frances(a)

South African: Africano(a) del Sur

Chinese: Chino(a)

Japanese: Japonés(a)

Korean: Coreano(a)

Indian: Indio(a)

Australian: Australiano(a)

Personas en la escuela

(People in the school)

(la) escuela / school
(el) salón / classroom

(el/la) maestro/a / teacher
(lel/la) director/a / principal
(el/la) asistente / asistant
(el/la) secretario/a / secretary
(la) tutora / tutoring
(la) recepcionista / recepcionist
(el/la) bedel/a

(la) maestra de kinder: kindergarten teacher
(la) maestra de primer grado: First grade teacher
(la) maestra de segundo grado: Second grade teacher
(la) maestra de tercer grado: Third grade teacher
(la) maestra de cuarto grado: Fourth grade teacher
(la) maestra de quinto grado: Fifth grade teacher
(la) maestra de sexto grado: Sixth grade teacher

(el) maestro/a de español: spanish teacher
    maestro/a de música: music teacher
    maestro/a de arte: art teacher
    maestro/a de ciencias: science teacher
    maestro/a de educación física
    maestro/a de yoga

(la) bibiliotecaria

Lugares en la escuela
(Places in the school)

school: (la) escuela

classroom: (el) salón

recess yard: (el) parque de receso

bathroom: (el) baño

office: (la) oficina

reception: (la) recepción

library: (la) biblioteca

gym: (el) gimnasio

cafeteria: (la) cafetería

principal's office: (la) oficina de la directora/ del director

nurse's office: (la) enfermería

tutoring room: (el) salón de tutoría

preschool classroom: (el) salón de preescolar

kindergarten classroom: (el) salón de kinder

first grade classroom: (el) salón de primer grado

second grade classroom: (el) salón de segundo grado

third grade classroom: (el) salón de tercer grado

fourth grade classroom: (el salón de cuarto grado

fifth grade classroom: (el) salón de quinto grado

sixth grado classroom: (el) salón de sexto grado

science classroom: (el) salón de ciencias

music classroom: (el) salón de música

art classroom: (el) salón de arte

spanish classroom: (el) salón de Español

yoga: (el) salón de yoga

Las Ocupaciones
(Occupations)

abogado/a: lawyer

maestro/a: teacher

ingeniero/a: engineer

peluquero/a: hair dresser

enfermero/a: nurse

*estudiante: student

*dentista: dentist

doctor/a: doctor

bailarín/bailarina: dancer

actor/actriz: actor/actress

*artista: artist

panadero/a: baker

cocinero/a: cook

cartero/a: mail carrier

trash collector: recogedor de basura

bombero/bombera: firefighter

científico/a: scientist

cajero/a: cashier

*piloto: pilot

obrero/a: construction worker, factory worker

maid: sirviente/a, señor/señora de limpieza

vendedor/a: seller, sales clerk

*policía: police officer

profesor/a: professor

*comerciante: merchant

amo/a de casa: househusband/housewife

arquitecto/a:architect

*Note: These words work for both females and males..

El vecindario

supermarket: supermercado   (soo-pehr-mehr-cah-doh)

school: escuela   (ehs-koo-eh-lah)

newstand: kiosko de periódicos   (kee-ohs-koh deh peh-ree-
oh-dee-cohs)

bank: banco   (bahn-koh)

pharmacy: farmacia   (fahr-mah-cee-ah)

restaurant: restaurante   (rehs-tah-oo-rahn-teh)

theater: teatro   (teh-ah-troh)

museum: museo   (moo-seh-oh)

park: parque   (pahr-keh)

hospital: hospital   (ohs-pee-tahl)

fruit store: fruteria   (froo-teh-ree-ah)

bookstore: libreria   (lee-breh-ree-ah)

clothing store: tienda de ropa   (tee-ehn-dah deh roh-pah)

pet store: tienda de animales   (tee-ehn-dah de
ah-nee-mah-lehs)

toy store: juguetería   (hoo-gueh-teh-ree-ah)

chocolate store: chocolateria   (choh-coh-lah-teh-ree-ah)

shoe store: zapatería   (zah-pah-teh-ree-ah)

pizza place: pizzería   (pee-zeh-ree-ah)

bakery: panadería   (pah-nah-deh-ree-ah)

hardware store: ferretería   (feh-rreh-teh-ree-ah)

gas station: gasolinería   (gah-soh-lee-neh-ree-ah)

beauty salon: peluquería   (peh-loo-keh-ree-ah)

Dando direcciones con preposiciones.

(Giving directions with prepositions)

Preposiciones

in front of: en frente de
next to: al lado de
between: entre
on : en, sobre, encima de
behind: detrás
near: cerca de
far: lejos de

to the right: a la derecha
to the left: a la izquierda
in the corner of: en la esquina de
across from: en frent de
there: ahí
here: aquí
then: entonces

vocabulario:

street: (la) calle
avenue: (la) avenida
block: (la) cuadra
esquina: (la) esquina

Frases con verbos:

to turn: voltear   turn:voltea
to cross: cruzar   cross:cruza
to walk: caminar   camina
you will find: tu encontrarás
you will find it: tu lo encontratás
you will see: tu verás
you will see it: tu lo verás
you have to: tienes qué

La Familia

(Family)

mamá: mom
madre: mother
papá: dad
padre: father
hermana: sister
hermano: brother
tía: aunt
tío: uncle
prima: cousin (female)
primo: cousin (male)
abuela: grandmother
abuelo: grandfather
nieta: grand daughter
nieto: grandson
sobrina: niece
sobrino: nephew
suegra: mother in law
suegro: father in law
stepmom: madrastra
stepdad: padrastro

Los Opuestos Part 1

grande (big)
grahn-deh

pequeño (small)
peh-keh-nio

feliz (happy)
feh-leez

triste (sad)
trees-teh

alto (tall)
ahl-toh

bajo (short)
bah-hoh

frío (cold)
free-oh

caliente (hot)
kah-lee-ehn-teh

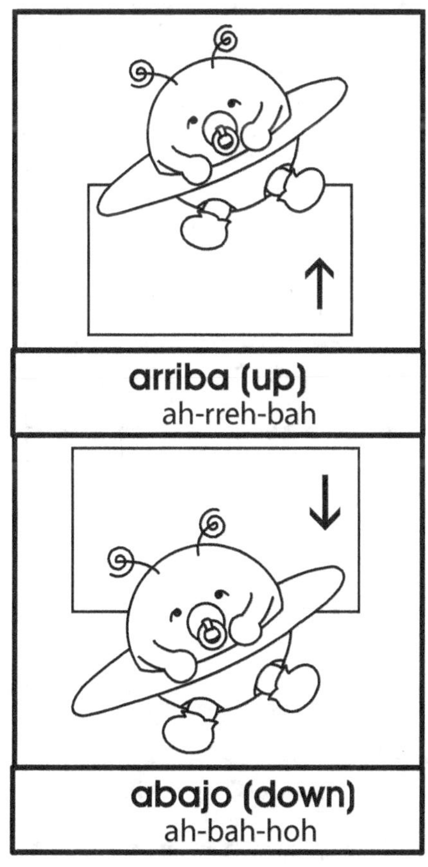

arriba (up)
ah-rreh-bah

abajo (down)
ah-bah-hoh

gordo (fat)
gohr-doh

flaco (thin)
flah-koh

Los Opuestos Part 2 (The Opposites Part 2)

seco (dry)
se-koh

pesado (heavy)
peh-sah-doh

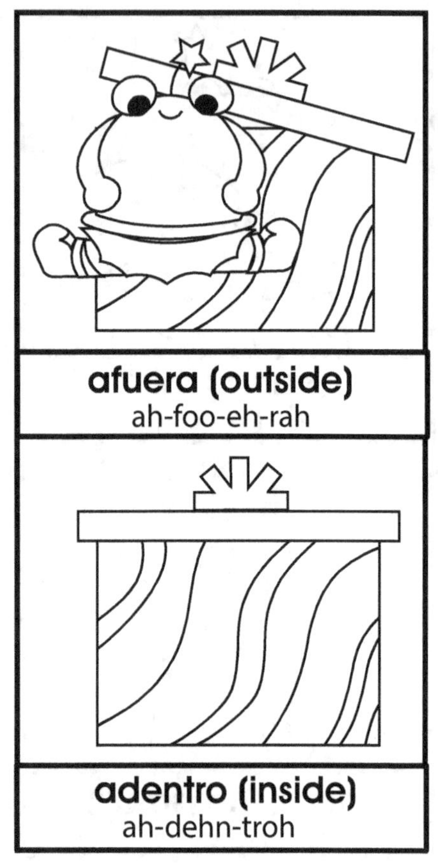

afuera (outside)
ah-foo-eh-rah

mojado (wet)
moh-hah-doh

liviano (light)
lee-vee-ah-noh

adentro (inside)
ah-dehn-troh

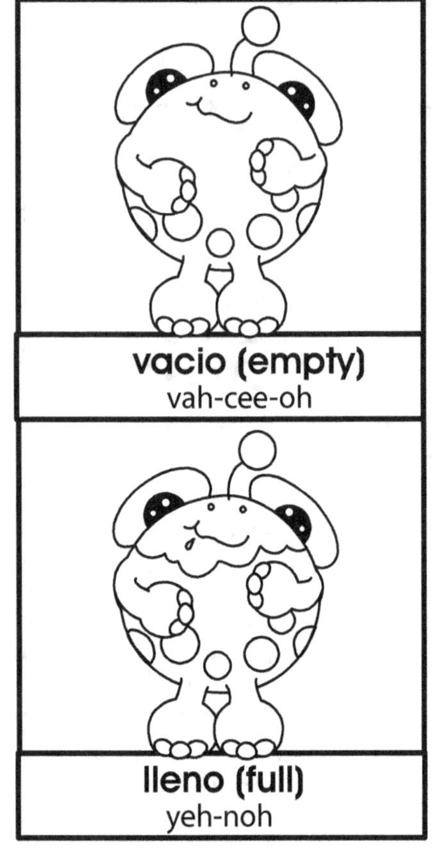

vacio (empty)
vah-cee-oh

abierto (open)
ah-bee-ehr-toh

limpio (clean)
leem-pee-oh

lleno (full)
yeh-noh

cerrado (closed)
ceh-rrah-doh

sucio (dirty)
soo-see-oh

Verbo ir: to go

Subject	Presente		Pasado	
yo (I)	**voy**	I go	**fui**	I went
tú (you familiar singular)	**vás**	you go	**fuiste**	you went
ella, el, usted (she, he, you formal singular)	**vá**	she goes	**fue**	she went
nosotras/os (we)	**vamos**	we go	**fueron**	we went
vosotras/os (you familiar plural)	**váis**	you go	**fuisteis**	you went
ellas/os, ustedes (they, you formal plural)	**ván**	they go	**fueron**	they went

Examples:

I go to my friend's house on Sundays.
They go to Disney every year.

Voy a la casa de mi amigo los domingos.
Ellos van a Disney cada año.

She went to the library.
We went ice skating.

Ella fué a la biblioteca.
Fuimos a patinar en hielo.

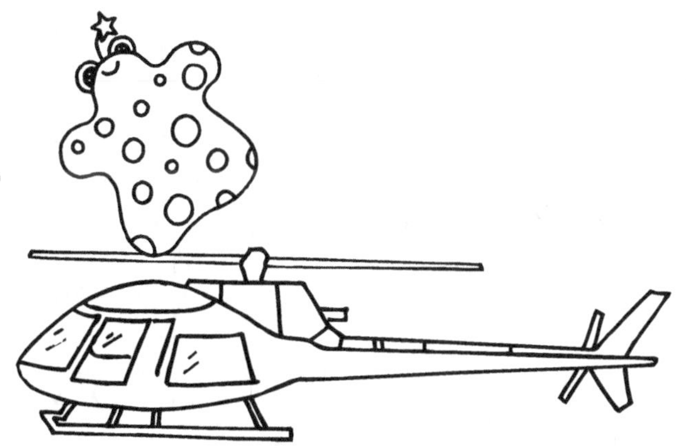

El Presente Continuo / The Present Continuous (ing)

For ar verbs drop the -ar and add +ando

recortar (to cut out) → **recortando**

For ar verbs drop the -er and add +iendo

hacer (to do, make) → **haciendo**

El está haciendo: He is doing /making

For ar verbs drop the -ir and add +iendo

abrir (to open) → **abriendo**

Ellos están abriendo: They are opening

El verbo estár (to be)

I am	yo **estoy**
you are	tu **estás**
he, she you (formal) is	el, ella, you (formal) **está**
we are	nosotros **estámos**
we (you all)	vosotros **estáis**
they are, you (formal plural) ar	ellos, ustedes **están**

42

El Presente Continuo / The Present Continuous

Yo estoy __verbo+__ando / iendo   I am __verb+__ing

ar verbs

colorear: to color
Yo estoy coloreando

jugar: to play
Yo estoy jugando

recortar: to cut out
Yo estoy recortando

er verbs

hacer: to make
Yo estoy haciendo

comer: to eat
Yo estoy comiendo

correr: to run
Yo estoy corriendo

ir verbs

escribir: to write
Yo estoy escribiendo

abrir: to open
Yo estoy abriendo

El verbo estár (to be)

I am: yo estoy
you are: tu estás
she is: ella es
he is: el es
we are: nosotros estamos
You (all): vosotros estáis
they are: ellos están

Lista de verbos regulares para practicar el Presente Continuo

(List of verbs to practice the present continuous)

Verbos que terminan en -ar

observar: to observe

colorear: to color

dibujar: to draw

recortar: to cut out

pegar: to glue

jugar: to play

estudiar: to study

Verbos que terminan en -er

comer: to eat

correr: to run

hacer: to make, to do

Verbos que terminan en -ir

escribir: to write

abrir: to open

Conjugation reminder:

ar verbs = drop -ar and add -ando

Example: caminar ⤳ caminando

er, ir verbs = drop -er, -ir and add -iendo

Example: correr ⤳ corriendo

Verbos en infinitivo

Verbs in infinitive: this is the not conjugated form of the verb. All verbs in Spanish end in -ar, -er or -ir.

(-ar)

caminar: to walk

estudiar: to study

*cepillar: to brush

*bañar: to take a shower or bath

(s)*despertar: to wake up

(s) jugar: to play

(-er)

comer: to eat

correr: to run

(i) leer: to read (is not irregular in the present tense)

(i)ver: to see or watch

(-ir)

(s)*vestir: to get dressed, to dress

(s)dormir: to sleep

abrir: to open

*   reflexive verbs
(s) stem changing or spelling change verbs
(i) irregular verbs

El PRESENTE (Indicativo)

Simple Present Tense

Verbos Regulares -ar

Subject	Ending for -ar	Verb: caminar (to walk)	Meaning
yo (I)	**-o**	camin**o**	I walk
tu (you)	**-as**	camin**as**	you walk
ella, el, usted (she, he, you formal singular)	**-a**	camin**a**	she walks
nosotras/os (we)	**-amos**	camin**amos**	we walk
vosotras/os (you familiar plural)	**-áis**	camin**áis**	you (fam.) walk
ellas/os, ustedes (they, you formal plural)	**-an**	camin**an**	they walk

To conjugate a verb in the simple present, take away the **ar** at the end and add the corresponding end according to the noun.

For example: you walk: tu caminar ⟶ tu caminas

Otros verbos regulares que terminan en -ar:

observar: to observe

colorear: to color

dibujar: to draw

recortar: to cut out

pegar: to glue

estudiar: to study

tomar: to drink

caminar: walk

hablar: to speak

cantar: to sing

El PRESENTE (Indicativo)

Simple Present Tense

Verbos Regulares -er

Subject	Ending for -er	Verb: comer (to eat)	Meaning
yo (I)	**-o**	com**o**	I eat
tu (you)	**-es**	com**es**	you eat
ella, el, usted (she, he, you formal singular)	**-e**	com**e**	she eats
nosotras/os (we)	**-emos**	com**emos**	we eat
vosotras/os (you familiar plural)	**-éis**	com**éis**	you (fam.) eat
ellas/os, ustedes (they, you formal plural)	**-en**	com**en**	they eat

To conjugate a verb in the simple present, take away the **er** at the end and add the corresponding end according to the noun.

For example: you eat: tu comer ⟶ tu comes

Otros verbos regulares que terminan en -er:

correr: to run

aprender: to learn

beber: to drink

sorprender: to surprise

vender: to sell

esconder: to hide

barrer: to sweep

romper: to break

comprender: to comprehend

deber: to owe, to ought to

El PRESENTE (Indicativo)
Simple Present Tense

Verbos Regulares -ir

Subject	Ending for -ir	Verb: escribir (to write)	Meaning
yo (I)	**-o**	escrib**o**	I write
tu (you)	**-es**	escrib**es**	you write
ella, el, usted (she, he, you formal singular)	**-e**	escrib**e**	she writes
nosotras/os (we)	**-imos**	escrib**imos**	we write
vosotras/os (you familiar plural)	**-ís**	escrib**ís**	you (fam.) write
ellas/os, ustedes (they, you formal plural)	**-en**	escrib**en**	they write

To conjugate a verb in the simple present, take away the ir at the end and add the corresponding end according to the noun.

For example: you walk: tu escribir ⟶ tu escribes

Otros verbos regulares que terminan en -ar:

abrir: to open

aplaudir: to clap

asistir: to assist

describir: to describe

discutir: discuss

escribir: to write

recibir: to receive

percibir: perceive

subir: to go up

vivir: to live

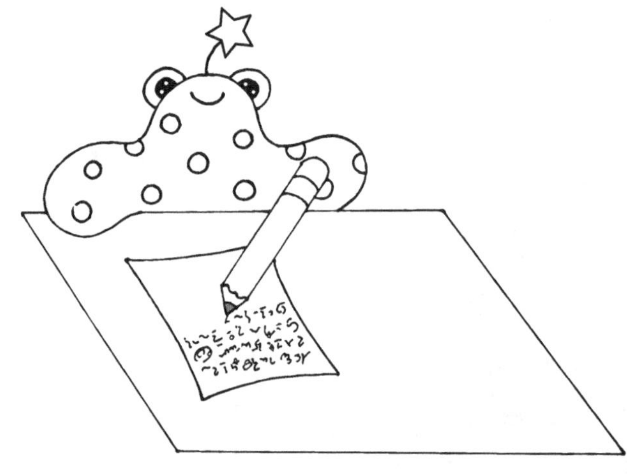

Reflexive verbs (El Presente)

Some verbs are reflexive in Spanish to emphasize that they happen on you.
So for example, you are bathing yourself not your dog, etc. You need to add
the reflexive form before the verb:

Subject	Reflexive form	Verb: bañar (to bathe)	Meaning
yo	**me**	me bañ**o**	I bathe
tu	**te**	te bañ**as**	you bathe
ella, el, usted	**se**	se bañ**a**	she bathes
nosotras/os	**nos**	* nos bañ**amos**	we bathe
vosotras/os	**os**	* os bañ**áis**	you (fam.) bathe
ellas/os, ustedes	**se**	se bañ**an**	they bathe

Stem changing verbs

(e→ie) despertar → despierto   except for nosotros y vosotros

Subject	Verb: despertar (to wake up)	Meaning
yo	(me) despierto	I wake up
tu	(te) despiertas	you wake up
ella, el, usted	(se) despierta	she wakes up
nosotras/os	(nos) despertamos	we wake up
vosotras/os	(os) despertáis	you wake up
ellas/os, ustedes	(se) despiertan	they wake up

(u→ue) jugar → juego

Subject	Verb: jugar (to play)	Meaning
yo	juego	I play
tu	juegas	you play
ella, el, usted	juega	she plays
nosotras/os	jugamos	we play
vosotras/os	jugáis	you (fam.) play
ellas/os, ustedes	juegan	they play

Verbos en infinitivo (El Pasado)

Verbs in infinitive: this is the not conjugated form of the verb. All verbs in Spanish end in -ar, -er or -ir.

(-ar)

caminar: to walk

estudiar: to study

*cepillar: to brush

*bañar: to take a shower or bath

*despertar: to wake up

 (s)jugar: to play   **Yo jugué**

(-er)

comer: to eat

correr: to run

(i)leer: to read   **(el, ella , usted leyó)**
                                                       (ellos, ustedes leyeron)

(i)ver: to see or watch   **(changes in the past tense from e to i)**

(-ir)

(s)*vestir: to get dressed, to dress   **(el, ella, usted se vistió)**
                                                       (ellos, ustedes se vistieron)

(s)dormir: to sleep   **(el, ella, usted se durmió)**
                                                       (ellos, ustedes se durmieron)

abrir: to open

* reflexive verbs
(s) stem changing or spelling change verbs
(i) irregular verbs

El PASADO
Regular verbs

Ending in **-ar**

Subject	Ending for -ar	Verb: caminar (to walk)	Meaning
yo	**-é**	camin**é**	I walked
tu	**-aste**	camin**aste**	you walked
ella, el, usted	**-ó**	camin**ó**	she walked
nosotras/os	**-amos**	camin**amos**	we walked
vosotras/os	**-aisteis**	camin**asteis**	you (fam.) walked
ellas/os, ustedes	**-aron**	camin**aron**	they walked

Ending in **-er & -ir**

Subject	Ending for -er	Verb: comer (to eat)	Meaning
yo	**-í**	com**í**	I ate
tu	**-iste**	com**iste**	you ate
ella, el, usted	**-ió**	com**ió**	she ate
nosotras/os	**-imos**	com**imos**	we ate
vosotras/os	**-isteis**	com**isteis**	you (fam.) ate
ellas/os, ustedes	**-ieron**	com**ieron**	they ate

Reflexive verbs (El Pasado)

Some verbs are reflexive in Spanish to emphasize that they happen on you.
So for example, you are bathing yourself not your dog, etc. You need to add
the reflexive form before the verb:

Subject	Reflexive form	Verb: bañar (to bathe)	Meaning
yo	**me**	me bañé	I bathed
tu	**te**	te bañaste	you bathed
ella, el, usted	**se**	se bañó	she bathed
nosotras/os	**nos**	nos bañamos	we bathed
vosotras/os	**os**	os bañaistes	you (fam.) bathed
ellas/os, ustedes	**se**	se baña**ron**	they bathed

Verbos en infinitivo (El Futuro)

Verbs in infinitive: this is the not conjugated form of the verb. All verbs in Spanish end in -ar, -er or -ir.

(-ar)

caminar: to brush

estudiar: to study

*cepillar: to brush

*bañar: to take a shower or bath

*despertar: to wake up

(s)jugar: to play   (Does not stem change in the future tense)

(-er)

comer: to eat

correr: to run

(i)leer: to read (is not irregular in the future tense)

(i)ver: to see or watch

(-ir)

(s)*vestir: to get dressed, to dress (Does not stem change in the future tense)

(s)dormir: to sleep   (Does not stem change in the future tense)

abrir: to open

* reflexive verbs
(s) stem changing or spelling change verbs
(i) irregular verbs

El FUTURO

Regular verbs

For all verbs, leave verb in infinitive (with: **-ar, -er** and **-ir**) and add the corresponding ending.

Subject	Ending for -ar	Verb: caminar (to walk)	Meaning
yo	**-é**	caminar**é**	I will walk
tu	**-ás**	caminar**ás**	you will walk
ella, el, usted	**-á**	caminar**á**	she will walk
nosotras/os	**-emos**	caminar**emos**	we will walk
vosotras/os	**-áis**	caminar**áis**	you (fam.) will walk
ellas/os, ustedes	**-án**	caminar**án**	they will walk

Reflexive verbs (El Futuro)

Some verbs are reflexive in Spanish to emphasize that they happen on you. So for example, you are bathing yourself not your dog, etc. You need to add the reflexive form before the verb:

Subject	Reflexive form	Verb: bañar (to bathe)	Meaning
yo	**me**	me bañar**e**	I will bathe
tu	**te**	te bañar**ás**	you will bathe
ella, el, usted	**se**	se bañar**á**	she will bathe
nosotras/os	**nos**	nos bañar**emos**	we will bathe
vosotras/os	**os**	os bañar**áis**	you (fam.) will bathe
ellas/os, ustedes	**se**	se bañar**án**	they will bathe

Posesivos / Possessives

They establish that a thing belongs to someone.

Possessive Adjectives: place them before the noun.

		singular	plural
(I)	yo	mi (my)	mis
(you)	tu	tu (your)	tus
(he/she)	el/ella	su (his/her)	sus
(we)	nosotros	nuestro/a (our)	nuestros/as
(your)	vosotros	vuestro/a (your)	vuestros/as
(they)	ellos	su (their)	sus

Ejemplo: **Mi** tía es alta. (My aunt is tall.)

Possessive Pronouns: place them after the noun.

		singular	plural
(I)	yo	mío, mía (mine)	míos, mías
(you)	tu	tuyo, tuya (yours)	tuyos, tuyas
(he/she)	el/ella	suyo, suya (his/hers)	suyos, suyas
(we)	nosotros	nuestro/a (ours)	nuestros/as
(your)	vosotros	vuestro/a (yours)	vuestros/as
(they)	ellos	de ellos/as (theirs)	de ellos/as

Ejemplo: Ese cuaderno es **mío**. (That notebook is mine.)

Pronombres personales Subject Pronouns

Singular	Plural
yo *I*	**nosotros/as** *we*
tú *you (familiar)*	**vosotros/as** *you (fam. plural)*
él *he*	**ellos** *they*
ella *she*	**ellas** *they*
usted *you (formal)*	**ustedes** *you (formal plural)*

Las emociones

Feelings

I am: Yo estoy

exhausted: agotado

tired: cansado

confused: confundido

ecstatic: extatico

angry : enojado

hysterical: histérico

frustrated: frustado

sad: triste

confident: confiado

embarrased : avergonzado

happy: felíz

mischievous : malicioso

disgusted: asqueado

scared/frightened: asustado

enraged: rabioso

ashamed: apenado

cautious: cauteloso

smug/comfortable: cómodo

depressed: depremido

overwhelmed: agobiado

hopeful: esperanzado

nervous: nervioso

lonely : solitario

in love : enamorado

jealous : celoso

bored : aburrido

suprised : sorprendido

anxious : ansioso

shocked : pasmado

sick : enfermo

I Feel: Yo me siento

shy: tímido
guilty: culpable
suspicious: sospechoso

I have: yo tengo

hungry : hambre
thirsty: sed
cold: frío
hot: calor

Los deportes

(Sports)

play tenis: jugar tenis
play ping-pong: jugar ping-pong
play basketball: jugar baloncesto
play soccer: jugar fútbol
play hockey: jugar hockey
play football: jugar fútbol Americano
play badmington: juagr badmington
play squash: jugar squash
play criquet: jugar críquet

ride a bike, cycling: montar bicicleta / hacer ciclismo
ride a horse: montar a caballo

sail: hacer velerismo
do gymnastics: hacer gimnasia
kayaking: hacer piraguismo, hacer kayaking
snowboard: hacer snowboarding

windsurf: practicar windsurf

ski: esquiar
surf: surfear
fish: pescar
jog: trotar
skate: patinar
swim: nadar

Actividades recreativas

(Recreational activities)

(to) ee a movie / (a) ver una pelicula
(to) a friend's house / (a) la casa de un/a amigo/a
(to) the library / (a) la biblioteca
(to) play in the park / (a) jugar en el parque
(to) walk / (a) caminar
(to) skate, Ice skate / (a) patinar, patinar en hielo
(to) play video games / (a) jugar videojuegos
(to) play soccer /(a) jugar fútbol
(to) play the guitar / (a) tocar la guitarra
(to) eat at a restaurant (a) comer en un restaurante
(to) walk my dog/ (a) caminar a mi perro
(to) a party / a una fiesta
(to a dance / a un baile
(to) a concert / (a) un concierto
(to) the beach / (a) la playa
(to) shop / (de) compras
(to) travel / (de) viaje

today: hoy
yesterday: ayer
tomorrow: mañana
this week: esta semana
this saturday: este sábado
last Monday: el lunes pasado
next Sunday: el próximo domingo
next weekend: el próximo fin de semana

Monday / lunes
Tuesday / martes
Wednesday / miércoles
Thursday / jueves
Friday / viernes
Saturday / sábado
Sunday / domingo

Lugares y objetos del hogar

(Place at home.)

living room: sala   (sah-lah)

dining room: comedor   (coh-meh-dohr)

kitchen: cocina   (coh-cee-nah)

bedroom: cuarto   (koo-ahr-toh)

bathroom: baño   (bah-nio)

basement: sótano   (soh-tah-noh)

attic: ático   (ah-tee-koh)

garage: garage   (gah-rah-heh)

garden: jardín   (har-deen)

table: mesa   (meh-sah)
chair: silla   (see-yah)
bed: cama   (cah-mah)
bathtub: bañerah   (bah-nieh-rah)
shower: ducha   (doo-chah)
lamp: lámpara   (lahm-pah-rah)
bookcase/shelf: estante   (ehs-tahn-teh)
desk: escritorio   (ehs-kree-toh-ree-oh)
closet: closet   (cloh-seht)
night table: mesita de noche   (meh-see-tah deh noh-chech)
wall: pared   (pah-rehd)
window: ventana   (vehn-tah-nah)
door: puerta   (poo-ehr-tah)
curtain: cortina   (cohr-tee-nah)
cushion: cojín   (coh-heen)
rug: alfombra   (ahl-fohm-brah)
clock: reloj   (reh-loh)
plant: planta   (plahn-tah)
TV: televisor, tele   (teh-leh-vee-sohr, teh-leh)
fan: ventilador   (vehn-tee-lah-dohr)
computer: ordenador   (ohr-deh-nah-dohr)

Juguetes

(Toys)

blocks (los) bloques

board game / (el) juego de mesa

video game / (el) juego de video

jump rope / (la) cuerda de saltar

car / (el) coche / carro

doll or action figure / (la) muñeca/o

stuffed animal / (el) animal de peluche

puzzle / (e)l rompecabezas

ball / (la) pelota

tricycle / (el) triciclo

roller blades / (los) patines

skateboard / (la) patineta

top / (el) trompo

¡Muchas Gracias!

¡Eso es todo por ahora…!   (That's all for now…!)